PRECIS

DU SIEUR DUPLEIX

SERVANT DE REPONSE PREPARATOIRE

AU MÉMOIRE

DE LA COMPAGNIE DES INDES.

MA ſanté, & le tems ne me permettant pas de répondre auſſi amplement que je me propoſe de le faire par la ſuite, au Mémoire imprimé que la Compagnie des Indes vient de publier ſans nom d'Imprimeur, ſans nom de Ville, ſans Conſultation ni Signature d'Avocat; je ſupplie le Public de ſuſpendre ſon jugement ſur ce Mémoire volumineux. Je m'engage à faire voir que la vérité, la bienſéance & la vraiſemblance y ſont également compromiſes. Je me contenterai pour le moment de démontrer le faux de quelques articles pris au haſard. Quelques extraits, ſous la cote A, d'une Piece très-importante qui ſera donnée toute entiere au Public dans ma réponſe au Mémoire de la Compagnie, feront aſſez connoître combien les Auteurs de ce Mémoire ſe trouvent en contradiction avec ce qu'ils ont ſigné eux-mêmes en 1753.

Au ſurplus je ne prétends point rendre toute l'Administration reſponſable de ces contradictions & de ces faux expoſés. Je ſais que trois Syndics onéraires & trois Directeurs ne faiſoient point partie alors de l'administration d'aujourd'hui ; mais je penſe qu'ils doivent ſavoir mauvais gré à ceux qui en étoient, de ne leur avoir pas donné communication de cette piece, ainſi que de bien d'autres, dont il n'eſt pas vraiſemblable qu'ils ayent eu connoiſſance ; cela leur eût épargné le déſagrement de ſigner un Mémoire que je promets de détruire par les propres écrits de la Compagnie des Indes.

Je ne répondrai point aux invectives, j'en connois l'Auteur, c'eſt ſon moyen favori de défenſe. Mais quelle foi doit-on ajouter à ce que peut dire l'Auteur de la lettre, dans laquelle tout le monde ſe rappelle avec indignation, *bonus dolus* (1). Paſſons au Mémoire de la Compagnie des Indes.

Il y eſt dit, page dix-huit : « Les Syndics & » Directeurs ne virent pas avec moins de ſatisfac- » tion les ſuccès qu'eurent les ſoins & les efforts du » Sieur *Dupleix*, lorſqu'il fut obligé de défendre *Pon-* » *dichery*, qu'aſſiegerent les Anglois. Le danger ce- » pendant fut moins grand qu'on ne le crut dans le » tems, les ennemis demeurerent toujours éloignés » de cette ville. On peut juger de la diſtance qu'ils » laiſſerent entr'eux & *Pondichery*, par celle de nos bat- » teries qui furent établies à plus de cent cinquante toi- » ſes de la Place. On croiroit encore, en liſant le Mé- » moire du Sieur *Dupleix*, qu'il partagea dans cette

(1) Lettre du ſieur Godeheu en 1760.

» conjoncture la gloire & le courage de nos Officiers,
» & qu'il courut avec eux & à leur tête tous les dangers
» de cette attaque. Cependant il est certain qu'il ne sor-
» tit pas une seule fois de la Ville ; il avoit même alors
» l'ingénuité d'avouer que le bruit des armes suspen-
» doit ses réflexions, & que le calme seul convenoit à
» son génie ».

Il faut avouer qu'après les graces qu'il a plu au Roi de m'accorder, au sujet de la défense de Pondichery, & qu'après les éloges que la Compagnie elle-même fit de ma conduite, lors de la levée du siege de cette Place, je ne m'attendois pas qu'elle s'efforceroit aujourd'hui de diminuer le service important que j'ai rendu, en défendant en 1748 une Ville dont la ruine entraînoit nécessairement celle de tous les autres Comptoirs de l'Inde. Je conviendrai avec la Compagnie qu'on ne m'a point vu partager les risques des Officiers, en me mettant à leur tête dans les différentes sorties. Mais j'avois cru jusqu'ici qu'il étoit défendu à un Gouverneur de sortir de sa Place, lorsqu'elle étoit assiégée, & qu'il ne devoit mourir qu'aux pieds de la breche. Au surplus, de telle façon que j'aie défendu *Pondichery*, j'ai eu la satisfaction de l'empêcher de tomber entre les mains des ennemis de l'Etat. Je ne prétends pas me prévaloir de cet heureux événement. Je sais qu'on ne doit l'attribuer qu'à la capacité & au courage avec lequel se comporterent tous les Officiers, tant de terre que de mer qui se trouverent à ce siege. Sans cela devoit-on espérer de sauver une Ville de plus d'une lieue de tour, mal fortifiée, assiégée par cinq à six mille hommes Européens & beaucoup de Noirs ;

bloquée du côté de la mer par quinze vaisseaux de ligne, & dans laquelle il n'y avoit pour toute garnison qu'onze cent quatre-vingt soldats Européens & quelques troupes Noires?

Page 21, du Mémoire de la Compagnie, il est dit: «*Nizam-el-Moulouch*, Grand-Chancelier & Généralissime de l'Empire, gouvernoit depuis bien des années la Province du *Dekan*. Il étoit parvenu à ce haut point d'honneur & de fortune sous le regne de *Mahamet-cha*, & il auroit été digne de cette élévation, s'il n'avoit pas joint à des qualités vraiment estimables & au génie le plus vaste, un esprit d'intrigue & d'ambition qui le porta enfin jusqu'à livrer en 1736, son bienfaiteur, son maître, & l'Empire à *Nadir cha Thamas-Kouli-Kan*, pour se venger d'un des principaux Seigneurs de la Cour du Mogol».

«Il n'avoit qu'une fille qu'il avoit mariée avec un Indien de basse extraction, & de ce mariage étoit né un fils nommé *Mouzaferzingue*».

La Compagnie ou plutôt un de ses membres, qui seul a présidé à la composition de son Mémoire, n'est pas plus exact dans l'historique qu'heureux dans les réflexions. Je pourrois, pour le prouver, relever plusieurs faits; je me contenterai pour le moment de celui-ci, qui sans doute paroîtra singulier. En effet, conçoit-on que le plus grand Seigneur de l'Empire Mogol ait donné sa fille unique, issue par sa mere des Empereurs Mogols, en mariage à son Barbier? Je ne me serois pas donné la peine de relever cette absurdité, si je n'avois intérêt à détruire les conséquences que la Compagnie en a tirées. Elle conclut de-là, que *Mou-*

zaferſingue n'avoit aucun droit à la ſucceſſion de ſon grand-pere, & que j'en ai cependant fait le Heros de ma fable, pour appuyer par-là mon ſyſtême. Je ne réponds que par un mot, & je le puiſe dans le Mémoire de la Compagnie, où elle dit que le Gouvernement du *Dekan* eſt amovible; donc l'Empereur Mogol a pu donner le gouvernement à *Mouzaferſingue*, au préjudice même de ſes oncles. Quoi qu'il en ſoit, ſi c'eſt-là une fable de mon invention, convenons qu'elle a pris un prodigieux crédit dans l'Inde, puiſque toute la preſqu'Iſle, & les Anglois eux-mêmes, l'ont regardée comme une indubitable vérité. Diſons plus. La Compagnie n'en parloit pas dans la piece déja citée, comme elle fait aujourd'hui; je donnerai, je le répete, à la fin de ce Mémoire pluſieurs extraits de cette piece, qui eſt ſignée par toute l'adminiſtration de la Compagnie, ſous la date de 1753. Elle n'aura point à objecter qu'alors elle n'étoit point inſtruite, & ignoroit que je la trompois, puiſqu'elle dit dans ſon Mémoire que dès 1752 elle fut inſtruite, & s'apperçut que je lui en impoſois. Qu'elle s'accorde donc avec elle-même: car ſi en 1752 elle en étoit ſi perſuadée, comment a-t-elle pu ſigner le 13 Décembre 1753 la Piece dont je viens de parler; qui détruit de fond en comble tout ce qu'elle avance aujourd'hui dans ſon Mémoire au ſujet des Seigneurs *Mouzaferſingue* & *Chandaſaeb*, & qui renverſe auſſi tous les efforts qu'elle fait pour établir la légitimité des droits de *Mahamet-Alikan* ſur la Nababie d'*Arcate*?

Page 45 du Mémoire de la Compagnie, il eſt dit:

« Nous supprimons, pour abréger, le détail de tout » ce qui suivit un prélude si pompeux ; trois mois suffi» rent à peine pour célebrer notre conquête. Et pen» dant que *Mahamet-Alykan* se fortifioit dans *Trichi*» *napaly*, & qu'il appelloit à son secours les Anglois, » & les Princes voisins, le sieur *Dupleix* prodiguoit à » des réjouissances & à des fêtes continuelles des » sommes immenses, qu'il auroit bien mieux fait » de garder pour combattre ses ennemis, & il oublioit » les intérêts de la Compagnie, & son rembourse» ment au milieu des gratifications qu'il se faisoit » donner (1) ».

La Compagnie fait ici une pompeuse description de l'entrée & du séjour de *Mouzafersingue* à Pondichery, & elle avance, *que trois mois suffirent à peine pour célebrer notre conquête*. Qu'elle lise ma correspondance, elle y verra que *Mouzafersingue* ne resta seulement pas quinze jours dans *Pondichery*. Cela se peut voir encore par mes comptes qu'elle a depuis huit ans entre ses mains. A l'égard des fêtes que je donnai, & qui coûterent selon elle des sommes immenses, que j'aurois mieux fait de conserver pour combattre mes ennemis ; je la prie de me dire si ces fêtes ont été données à ses frais. Au reste, l'article du mariage du sieur de *Kerjean*, traité page 75 du Mémoire de la Compagnie, & dont je vais parler ci-après, fera voir combien elle en impose au Public,

(1) « *Chandasaeb* remit 144 mille liv. au sieur *Dupleix* pour distribuer » aux Officiers qui s'étoient trouvés à la bataille d'Amour ; mais si l'on en » croit plusieurs Officiers, il ne jugea pas à propos de faire la distribu» tion, & il s'appropria la gratification toute entiere ».

quand elle veut insinuer que les fêtes que je donnai à Pondichery étoient à ses dépens.

Quant à la gratification que *Chandasaeb* donna pour distribuer à Mrs les Officiers, & que, suivant le rapport de plusieurs de ces Officiers, *je m'appropriai toute entiere*, ce fait est faux, & je connois trop la probité des Officiers qu'elle appelle aujourd'hui en témoignage, pour les croire capables d'une pareille calomnie. Au surplus, la Compagnie n'a-t-elle pas encore entre ses mains la preuve du contraire, par mes comptes, à la fin desquels on trouve ces mots: « *A dé-» duire pour la gratification promise, & qui n'a point » été donnée*, 165000 *roupies*.

Cette somme est bien plus considérable que 144000 livres dont parle la Compagnie. J'aurois souhaité que le *Nabab* eût été en état de la payer. Je l'avois demandée moi-même pour récompense des services qu'avoient rendus, au prix de leur sang, quantité de braves gens qui s'étoient si bien comportés à la bataille d'Amour, ainsi que dans beaucoup d'autres occasions d'où dépendoit le sort de *Chandasaeb*. Mais ce dernier étoit si peu en état de donner cette somme, que je lui avançai le 8 Octobre 1749, une somme de 200000 roupies (1). Ce fait est prouvé par l'article 18 de mes comptes qui sont entre les mains de la Compagnie depuis huit ans. Je me chargeai même d'avancer pendant trois mois la paie de nos Troupes Blanches & Noires. Au reste, si j'ai porté sur mes comptes la gratification qu'il avoit promise, je ne l'ai fait que pour faire voir à la Compagnie que cette promesse devoit être acquittée

(1) 480 mille livres, argent de France.

ſur les revenus des terres que les Seigneurs Maures avoient affectées au rembourſement des frais de la guerre. La Compagnie qui s'eſt miſe en poſſeſſion de ces revenus, a contracté par-là l'obligation d'acquitter cette gratification, que par cette raiſon j'ai portée en dépenſe dans mon compte, uniquement pour la faire ſouvenir qu'elle en étoit débitrice envers les Officiers, & non pour me l'approprier à moi-même, puiſque je n'ai pas oublié d'en faire la déduction ſur le reliquat de ce même compte, en annoncant par-là à la Compagnie, que c'eſt aux Officiers, & non à moi que cette portion de reliquat eſt dûe. Comment la Compagnie, qui a ce compte entier ſous les yeux, peut-elle, quand je n'ai voulu que lui rappeller la juſtice qu'elle doit aux Officiers, me taxer d'avoir voulu me faire injuſtement rembourſer une dépenſe que je n'ai pas faite? C'eſt au Public à juger qui d'elle ou de moi eſt ici de mauvaiſe foi.

La page 75 du Mémoire de la Compagnie préſente encore un fait dont je vais démontrer tout le faux. En effet, par la note qui ſe trouve au bas de cette page au ſujet du mariage du ſieur de *Kerjean* mon neveu, on trouve ces mots:

« Le ſieur *Dupleix* fit conſtruire dans la Citadelle » une ſuperbe ſalle, pour ſervir aux réjouiſſances qui » devoient accompagner ce mariage. Le feu y prit pen- » dant la fête, & il conſuma une grande quantité de » mâts, de cordages, de luſtres, de glaces qui appar- » tenoient à la Compagnie. L'indemnité dûe à la » Compagnie, pour tous les objets dépéris, auroit » bien dû trouver place dans le compte du ſieur *Du-* » *pleix*

C'eſt

C'eſt une choſe bien étrange, que la Compagnie oſe avancer continuellement des faits qui peuvent être démentis par des preuves qu'elle a entre ſes mains. J'ai heureuſement conſervé les états des Gardes-Magaſins des marchandiſes & de la Marine de *Pondichery*, dans leſquels les articles dont on parle ici ſont portés comme ſuit.

Etat du Sieur Lebon, Garde-Magaſin de la Marine.

Juillet 30 1754, pour effets fournis à M. *Dupleix* pour le Pandal (1). . Total 4276 roupies (2)

(1) Salle Verte.
(2) La roupie vaut 48 ſols argent de France.

Compte du Sieur Cornet, Garde-Magaſin général des marchandiſes.

Juin 30 1754, pour dépenſes pour le Pandal.	994 pagodes *
Pour meubles brûlés audit Pandal	3348 *ditto.*
Total.	4342 pagodes.

* La pagode vaut 8 liv. 10 ſ. argent de France.

La Compagnie peut-elle n'avoir aucune connoiſſance de ces comptes qui ont été néceſſairement portés ſur ſes Livres : n'a-t-elle pas dû penſer que cet objet ne pouvoit point entrer dans le compte que je lui préſente aujourd'hui, qui dans le vrai ne la regarde point, puiſqu'il n'eſt fait que pour conſtater les avances que j'ai faites aux Princes du pays ?

J'ay porté les mêmes articles en gros dans l'état de mes dettes actives, dont j'ai préſenté dans le tems la copie au ſieur *Godeheu*, & que j'ai dépoſé à *Pondichery* entre les mains des ſieurs *Delarche* & *Bauſſet*, mes fondés de procuration, ſuivant leur reçu du 14 Octobre 1754.

Je ne joindrai à ceci aucunes réflexions, le Public les fera.

Les pages 140, 141, 142 & 143 du Mémoire de la Compagnie, roulent ſur le gage que je reclamerai toujours, attendu que, contre toute juſtice, elle s'en eſt miſe en poſſeſſion depuis mon rappel. C'eſt en vain qu'elle veut ſe diſculper aux yeux du Public ; c'eſt ce même Public que je prendrai pour juge, lorſqu'en répondant au Mémoire qui vient de paroître contre moi, je donnerai l'état du produit de ce gage, affermé & régi par les Gens d'Affaires de la Compagnie aux Indes. Elle s'eſt bien donnée de garde de produire cet état, qu'elle a cependant depuis long-tems entre ſes mains. Il ne peut être argué de faux, puiſqu'il a été arrêté par le Conſeil Superieur de *Pondichery*, au mois de Mars 1759, après avoir été examiné par un Commiſſaire, membre de ce même Conſeil.

Puiſque la Compagnie cite dans ſon Mémoire, page 71 des Pieces juſtificatives, l'état D. que j'ai produit le 4 Août 1761, au ſoutien d'une Piece qui a pour titre; *Réponſe du Sieur Dupleix aux moyens généraux de la Compagnie des Indes*, (cet écrit eſt fait depuis que mon affaire eſt en arbitrage) ; elle n'auroit pas dû feindre d'ignorer les autres états qui ſont joints à cette même Piece. Le Public eût été à portée de juger, qui d'elle ou de moi à tort. En effet, par la premiere Piece jointe ſous la cote B. on eût vu un état des fonds qu'elle a fait paſſer dans l'Inde depuis 1749, epoque de la guerre de l'Inde, juſqu'en 1754, epoque de mon rappel. On en eût vu l'emploi, qui malgré ce qu'elle peut dire aujourd'hui, fut appliqué à toute autre choſe qu'à l'entretien de la guerre. On eût vu la diſtribution de ces fonds dans les différens Comptoirs de l'Inde.

L'état coté B. eût fait voir que le Conſeil Superieur de *Pondichery* a fait des envois bien plus conſidérables que ceux qu'on devoit attendre des fonds que la Compagnie a fait paſſer depuis 1748 juſqu'en 1754.

L'état coté C. eût fait voir le tableau de la vraie ſituation de *Chandernagor*, Royaume de Bengal, extrait de celui que le Conſeil de ce lieu a envoyé a la Compagnie le 11 Février 1754. On eût vu par cet état, que la Compagnie ne devoit pas des ſommes auſſi conſidérables qu'elle l'a cru trop légerement ſur le faux rapport que lui en a fait le ſieur *Godeheu* dans le tems.

L'état coté D. démontre, malgré tout ce qu'en peut dire la Compagnie, que les conceſſions que je lui ai acquiſes en propriété, & qui ſont deſtinées à mon gage, ont produit ou dû produire des ſommes immenſes.

La Piece cotée E. eſt une Lettre du ſieur de *Buſſy*, du 3 Janvier 1753, par laquelle on peut voir que le revenu des terres de la Province d'*Arcate* étoit affecté au rembourſement de mes avances. Cet Officier eſt à Paris: on peut lui demander la vérité de ce fait; au ſurplus, ſa Lettre originale exiſte.

L'état coté F. eût fait voir enfin quel a été le produit de mon gage, & quelles reſſources les ſommes qu'on en a retirées ont procuré. Celui qui a été chargé de cette régie pendant deux ans est à Paris, il rendra témoignage à la vérité. Tout le monde sait que pendant le tems qu'il a régi ces terres, les Troupes & autres dépenses de *Pondichery* & du Comptoir de *Mahé*, ont été bien payées, qu'on a même fait de nouvelles fortifications à *Pondichery*, au moyen de ces revenus. Il est encore certain, que si l'on eût continué la régie des terres sur le pied que l'avoit établie celui qui les a gérées pendant deux ans, *Pondichery* n'eût jamais manqué de vivres n'y d'argent. Je pourrois citer pour témoins de ce que j'avance, une quantité d'honnêtes gens qui reviennent de l'Inde. Au surplus, je ferai imprimer toutes ces Pieces à la suite de ma réponse au Mémoire de la Compagnie, & je me flatte qu'elles feront connoître ma bonne foi. Je ne crains point la critique lorsque je ne présente que des faits extraits, pour la plûpart, des livres & correspondances de la Compagnie même, & que je la défie de démentir.

Enfin, par l'état n°. I. ci-joint, on verra une erreur volontaire de près de dix millions, où est tombé la Compagnie, où pour mieux dire l'Observateur chargé de critiquer mes comptes. Il est dit, dans les moyens généraux de la Compagnie, qu'elle avoit fait passer dans l'Inde, pendant les années 1749 & 1750, une somme de 684 mille marcs d'argent. On conçoit aisément quel étoit le but de l'Observateur. Il vouloit faire voir, comme la Compagnie le prétend aujourd'hui, que la guerre de l'Inde avoit coûté des sommes immenses; mais malheureusement pour lui, j'avois entre les mains le Bilan de *Pondichery*. Et c'est sur ce même

Bilan que j'ai formé l'état que je donne actuellement au Public, afin qu'il juge ſi cette erreur n'eſt pas trop groſſiere, pour n'avoir pas été faite à deſſein, puiſque la différence eſt de plus de dix millions.

Il eſt vraiſemblable, & on me l'a même aſſuré, que l'erreur, ou plutôt la fineſſe de l'Obſervateur a conſiſté à comprendre dans les envois d'argent aux Indes, celui qui étoit deſtiné pour la Chine, & pour les Iſles de France & de Bourbon; mais encore une fois le Bilan de *Pondichery* dérangera fortement ſon calcul.

A l'égard des dépenſes immenſes qu'a occaſionné la guerre de l'Inde, on ſera indigné de voir que dans les Pieces juſtificatives qu'elle cite à la fin de ſon Mémoire, elle porte en ligne de compte le prix des vaiſſeaux qu'elle a envoyés dans l'Inde, comme ſi ces vaiſſeaux n'avoient été deſtinés qu'au tranſport des Troupes. N'y a-t-elle donc pas chargé des effets pour ſes Colonies des Iſles de France, de Bourbon, & de tous ſes Comptoirs de l'Inde, même pour ſon commerce de Chine? Et ces mêmes vaiſſeaux n'ont-ils pas ſervis a rapporter des marchandiſes de ces différentes Colonies?

Quant à l'interruption qu'a cauſé à ſon commerce la guerre de l'Inde, cette aſſertion haſardée ſera bientôt détruite par des faits prouvés. Car elle ne pas doit ignorer que durant tout le cours de cette guerre, ſes vaiſſeaux ſont toujours revenus bien chargés. J'ai fait plus en 1752. N'ayant reçu à *Pondichery* que le vaiſſeau le *Centaure*, puiſque le vaiſſeau *le Prince* deſtiné pour *Pondichery* avoit péri, je trouvai encore le moyen de charger deux vaiſſeaux, le *Briſtol* & l'*Anſon :* c'étoit donc deux vaiſſeaux de plus qu'elle recevoit, & qu'elle ne devoit naturellement pas attendre. Elle ne peut s'empêcher de convenir de cette vérité. Oui, je le répete; c'eſt depuis mon rappel qu'elle a ceſſé de recevoir des cargaiſons. Qu'on en attribue la faute à qui l'on voudra, pour moi je m'en tiens à atteſter le fait. Je conviendrai cependant que la guerre de 1756 avec l'Angleterre, a dû cauſer une interruption dans ſon Commerce, & qu'on n'en doit rendre reſponſable ni le Gouverneur, ni le Conſeil de *Pondichery*. Mais que la Compagnie ſe ſouvienne au moins qu'à la paix de 1748, je lui envoyai ſix vaiſſeaux richement chargés, après avoir eu le bonheur de lui conſerver toutes ſes Colonies, malgré les efforts des Anglois; & qu'elle compare l'état dans lequel elle ſe trouva à la paix de 1748, avec celui auquel elle ſe trouve aujourd'hui réduite; je me flatte que le parallele ne ſera pas à mon déſavantage.

L'article concernant les ſoldats qu'elle a fait paſſer dans l'Inde n'eſt pas moins ſingulier. Elle en fait monter le nombre à 4349 hommes; mais elle eût au moins dû défalquer de ce nombre :

1°. Ceux qui ont péri ſur le vaiſſeau le *Prince* en 1752, montant à	122 hommes
2°. Ceux que le Sieur *Godeheu* a amenés avec lui dans l'Inde	1993 *ditto*
Total	2115 hommes.
Reſte donc de ſoldats effectifs que j'ai reçus	2234 hommes.

En ſuppoſant encore qu'il n'en ſoit mort ni déſerté aucun pendant la traverſée de l'Europe dans l'Inde,

On voit que la Compagnie ne met pas plus d'exactitude dans ses calculs que dans ses Pieces justificatives, qui ne sont signées de personne, si l'on en excepte celle du compte du sieur le Riche dont je parlerai ci-après.

Mais puisqu'elle me force de faire voir le peu d'attention qu'elle a eue à m'envoyer de bonnes troupes, j'en appelle aux Officiers qui ont servi sous mes ordres, & qui sont en grand nombre à Paris. Combien de fois se sont-ils plaints (le sieur de Maissin entr'autres) que de pareilles troupes n'étoient propres qu'à les deshonorer. Les autres choses nécessaires à la guerre n'étoient pas mieux choisies ; partie des fusils n'étoient pas forés, & étoient sans lumiere. Le sieur Moracin qui est à Paris, & qui commandoit à *Mazulipatam*, se plaignit dans le tems de la défectuosité de ses armes, dont il fut obligé de faire retremper les batteries, ainsi que de presque toutes celles que je lui adressois pour faire passer à l'armée du Sieur de Bussy. Il attestera ce fait, & je ne crains point qu'il démente ce que j'avance.

Mais d'où vient le peu de précaution que prenoit la Compagnie dans les envois de troupes & d'armes qu'elle faisoit ? Qui est-ce qui les fournissoit ? Je n'en sais rien. Je ne veux point pénétrer un mystere que bien des gens prétendent connoître. Mais j'ai annoncé un esprit impartial sur tout ce qui n'a point trait à mon affaire, & je me tais.

A l'égard des comptes que j'ai présentés au sieur *Godeheu*, & depuis ce tems-là à la Compagnie, je me propose de relever les erreurs volontaires & les fausses allégations, dans la Réponse que je ferai à ſon Mémoire. Je m'en tiendrai, quant à préſent, à ce que j'ai dit ſur cet article aux pages 115, 16, 17, 18 & 19 de mon Mémoire imprimé. Si l'on veut comparer ce que j'ai avancé, preuves en main, avec ce que la Compagnie haſarde aujourd'hui ſans aucune preuve, je me flatte que le Public me rendra la juſtice qui m'eſt dûe.

Il eſt dit, pag. 194 du Mémoire imprimé de la Compagnie :

« Le premier forcement concerne les contributions » du *Tanjaour*. Le ſieur *Dupleix* n'a fait recette ſur » cet objet que d'une ſomme de 526762 roupies qu'il » déclare avoir reçues par la voie du ſieur le *Riche*, pour » la contribution exigée du Roi de *Tanjaour*. Il a cru » qu'on ſeroit forcé de s'en tenir à ſa déclaration ſur » ce point, & c'étoit évidemment pour ôter à la Com- » pagnie tous les moyens de connoître le vrai ou le faux » de ce qu'il ſe propoſoit de lui déclarer, qu'il avoit dé- » fendu au ſieur le *Riche*, par ſa lettre du 9 Mars 1751, » de porter ſur les Livres de la Compagnie les ſommes » qu'il recevroit, ſoit du produit des terres, ſoit de ce- » lui des contributions. Mais malgré les précautions » qu'il a priſes pour cacher ſes infidélités, on eſt en état » de prouver que ce Receveur, ſuivant ſes propres comp- » tes, a touché du Roi de *Tanjaour* 701900 roupies. » Ce fait eſt prouvé, 1°. par la lettre du ſieur le *Riche* » au ſieur *Dupleix*, du 17 Juillet 1752 ; 2°. par le re- » levé de trois comptes du ſieur le *Riche*, l'un & l'autre » produits aux Pieces juſtificatives, n°. XVI. »

« Ainſi puiſque le ſieur *Dupleix* n'a porté en re- » cette ſur cet article que 526762 roupies, au lieu de

701900

»701900 qu'il a reçues, il doit être forcé en recette de » 192238 roupies. »

Quelle injuſtice de la part de la Compagnie de m'accuſer d'avoir paſſé à mon profit une ſomme de 192238 roupies, & de préſenter un fait auſſi évidemment faux, avec toute l'apparence de la vérité! En effet, on voit par la Piece juſtificative de ſon Mémoire, n°. XVI. que le ſieur le *Riche* a réellement reçu une ſomme de 719066 roupies. Il eſt également vrai que je n'en ai porté en recette que 526762 ; par conſéquent en liſant un pareil article, on a dû croire que j'étois un homme de mauvaiſe foi.

Mais que penſera le Public, lorſqu'il ſaura que ſi la Compagnie ſe fût donné la peine de lire (& peut-on préſumer qu'elle ne l'ait pas fait ?) mes Pieces juſtificatives qu'elle a eu ſi long-tems entre les mains, dont elle a fait faire des copies, & ſur leſquelles elle a fait des obſervations ; elle y eût vu que par les trois comptes du ſieur le *Riche*, qui eſt actuellement à Paris, il eſt évidemment démontré, pages 179 juſqu'à 189, que je n'ai réellement reçu que la ſomme que je porte en recette ; & que s'il ſe trouve de la différence, elle vient de ce que le ſieur le *Riche* a fait lui-même de ſon côté d'autres dépenſes particulieres, qui, jointes à ce qu'il m'avoit envoyé, balancerent ſa recette de 701900 roupies ? Quelle infidélité de ne préſenter au Public que l'article de recette du ſieur le *Riche*, ſans faire mention de la dépenſe ! Ce compte eſt trop long pour le donner à la fin de ce petit Mémoire ; mais il ſera imprimé tout entier à la fin de ma réponſe au Mémoire de la Compagnie. Quant à la lettre que j'ai écrite au sieur le *Riche* le 9 Mars 1751, par laquelle je lui marquois de ne point faire mention sur les Livres de la Compagnie des sommes qu'il recevroit; je ne nie point cette lettre, & j'ai dû l'écrire, puisque cette guerre regardoit les Princes du Pays, & non la Compagnie, ainsi qu'on le peut voir par la lettre du sieur le *Riche*, que la Compagnie cite elle-même à la page 143 des Pieces justificatives de son Mémoire, n°. XVI. en s'exprimant ainsi.

« Ci-joint mon compte pour l'argent reçu du *Tanjaour* pour le compte de *Chandasaeb*, &c. &c. &c. » Cette seule expression du sieur le *Riche* répond à tout.

Je le repete, quoique je ne me sois pas proposé dans ce Mémoire de répondre avec détail aux comptes que la Compagnie présente au Public, à dessein de me faire passer pour un homme de mauvaise foi, & pour un Gouverneur infidele; je ne puis cependant me dispenser de relever dès-à-présent l'article singulier qu'elle présente à la page 152 des Pieces justificatives de son Mémoire, n° XIX, à la tête duquel on lit ces mots:

« Cet Etat contient le détail de nouveaux articles de recette dont le Journal de M. *Dupleix* se trouve chargé, quoiqu'il n'en ait fait aucune mention dans son compte, & sur lesquels la Compagnie lui a demandé des éclaircissemens ».

Il me suffira quant à présent, pour démontrer tout le faux de cet Etat, sur lequel la Compagnie m'annonce un forcement de recette, lorsque, dit-elle, il lui paroîtra plus clair; il me suffira, dis-je, d'en citer quelques articles. Mais il faut auparavant que le Public sache pourquoi la Compagnie a eu entre ses mains mes journaux de caisse.

Mon affaire étoit encore en Juſtice reglée, lorſqu'il fut ordonné par Arrêt du Conſeil du mois de Septembre 1760, que mes livres journaux ſeroient communiqués à la Compagnie des Indes pendant un mois, après toutefois que M. Dufour de Villeneuve Maître des Requêtes & Rapporteur de la Commiſſion, auroit paraphé toutes les pages de ces Journaux, *ne varietur;* ce qui fut fait, & la Compagnie en fit ſans doute prendre des copies en entier, ſur leſquelles elle a formé l'Etat dont il eſt queſtion.

Qu'il me ſoit permis de faire une courte réflexion à ce ſujet. C'eſt moi qui ai demandé à communiquer mes Journaux. La Compagnie a fait ce qu'elle a pu pour que cette communication n'eût pas lieu; le Conſeil en a décidé autrement. Seroit-il vraiſemblable que j'euſſe demandé à produire une Piece dont on pouvoit ſe ſervir contre moi? Non ſans doute; c'eſt donc une preuve de ma bonne foi, de n'avoir pas même voulu cacher mes affaires particulieres. Que conclut cependant la Compagnie de cette bonne foi? Que je ſuis un Gouverneur infidele. Quelle conſéquence! J'en laiſſe juge le Public.

Je reviens à l'Etat qu'elle cite, & dont la ſolde, de laquelle ſuivant elle je dois être forcé en recette, monte à 1815177 roupies 4 fanons, ce qui feroit un forcement de plus de quatre millions d'argent de France.

Les articles que je vais citer ſuffiront pour démontrer l'infidélité de cet Etat: la ſeule inſpection de ces articles fera ſentir que les comptes que je pouvois avoir avec différens Particuliers, n'ont aucun rapport avec ceux que j'ai préſentés à la Compagnie, & qui n'ont d'autre objet que les dépenſes de la guerre entrepriſe & ſoutenue pour les Princes de l'Inde.

		Roupies.
1751. Janvier . . 9.	Reçu de diverſes perſonnes pour préſens au ſieur *Goupil*.	2635
Septembre 11.	De M. *Barthelemi*, compte de *Moka*.	6277
Novembre 30.	De *Gouvendana*, compte de *Kjean*..	50000
Idem.	*Idem*, compte de *Buſſy*. . . .	47500
1752. Janvier . . 27.	*Idem*, de *Mazulipatam*, pour M. de *Buſſy*.	
	Vincent *Kjean*, en deux articles. . .	293698
Novembre 29.	Des RR. PP. Jéſuites.	67490
1753. Janvier . . 17.	*Idem*, aux RR. PP. Jéſuites. . .	6000
1754. Juin . . . . 10.	*Idem*, de la caiſſe de la Compagnie, à compte du billet de 400000 roupies.	100000

L'Etat eſt trop long pour que je le rapporte ici en entier ; je le réſerve pour ma réponſe au Mémoire. Mais n'eſt-ce pas le comble de l'abſurdité de vouloir charger mon compte de pareils articles ? Quel rapport en effet ont mes affaires particulieres avec celles des Princes du pays que mes comptes regardent uniquement ? De quel droit la Compagnie prétend-t-elle que l'argent des ſieurs de *Buſſy*, *Kjean* & autres ſoit remis dans ſa caiſſe ? Si c'eſt pour leur en tenir compte elle-même, j'y conſens, & j'exhorte ces Meſſieurs à s'adreſſer à elle pour le rembourſemenr de ces ſommes. Ce ſera autant à déduire ſur ce que je leur dois, & pour mieux dire, ſur ce qu'il ſeroit plus juſte que la Compagnie leur dût, puiſqu'ils ne ſont devenus mes créanciers que parce que je le ſuis devenu moi-même forcément de la Compagnie.

D'après l'article que je viens de combattre, je dois

présumer que le Public n'ajoutera pas beaucoup de foi aux calculs que la Compagnie lui présente. Je n'aurai pas plus de peine à détruire tous les autres que celui-ci.

Qu'on ne s'étonne donc plus si la Compagnie réduit ma créance à 35000 liv. quand on la voit d'un trait de plume forcer ma recette, d'abord d'une somme de plus de quatre millions par l'article que je viens de citer, puis d'une autre somme d'environ cinq cens mille livres par l'article du sieur *le Riche* dont j'ai parlé ci-dessus. Il est aisé, j'en conviens, d'anéantir une créance avec très-peu d'articles semblables. Mais la Compagnie s'est-elle flattée que je me satisferois de cette monnoie, & pense-t-elle que toute voie de justice me soit interdite ?

Après avoir ainsi réfuté ces deux articles d'observations sur mes comptes, je n'en dirai pas davantage pour le présent, j'excéderois les bornes d'un Précis. Mais je me flatte que ces deux échantillons des réponses que j'ai à faire à toutes les difficultés qu'on a élevées sur mes comptes doivent suffire pour m'obtenir du Public la grace que je lui demande, de ne point précipiter son jugement, & d'attendre ma réponse pour me juger. Je promets de détruire par mon Mémoire tous les calculs captieux & faux que la Compagnie lui a présentés. Je suis véritablement touché de ce qu'elle me met dans cette nécessité; mais puisque sans égard aux services que je lui ai rendus pendant trente-cinq ans, non contente de me ruiner elle cherche encore à m'ôter la réputation que je me suis acquise, seul bien qui me reste, & que je préfererai toujours à tout autre, je n'ai plus rien à ménager.

Quant à l'article du trésor de *Nazersingue*, je n'ai que deux mots à dire : tout ce qui respiroit dans l'Inde ſait que ce tréſor a été pillé, & qu'on n'a pu mettre le ſcellé que ſur ſes débris. Le ſieur *Godeheu* a été éclairci de ce fait dès le lendemain de ſon arrivée à *Pondichery*, & je donne ici la déclaration que le ſieur de *Larche*, Interprete & Conſeiller, lui en délivra ſignée de lui. Quelles preuves la Compagnie préſente-t-elle ? Des lettres vagues écrites à Paris douze ans après l'événement arrivé dans l'Inde, qui portent ce tréſor à des ſommes immenſes, quoique la différence que chacune de ces lettres énonce ſoit extrême : car l'une le porte à 120 millions, l'autre à 75 : mais ma réponſe eſt dans la lettre du ſieur de *Larche* au ſieur *Godeheu* : voici cette lettre en entier.

M. Godeheu.

MONSIEUR,

« Sur ce que vous m'avez fait l'honneur de me de- » mander hier au matin au ſujet du partage du tréſor » du *Nabab Nazerſingue*, j'aurai celui de vous dire, au- » tant que la mémoire puiſſe me fournir, que ce qui » en réchappa du pillage lors de ſa mort, fut apporté » dans cette Ville, & dépoſé chez M. le *Gou*, ſous les » yeux des gens du nouveau *Soubedar* du *Decan*, & » des trois autres Patanes qui avoient fait le traité ſe- » cret avec *Chandaſaeb* ; après cinq à ſix jours ils furent » partagés ainſi qu'ils en étoient convenus entr'eux : ſa- » voir les trois *Soubedars Patanes*, du *Cadapé*, *Canoul* » & *Jarnour Baukapour* en eurent la moitié : de l'autre » moitié on en fit trois parts ; une pour le Seigneur » *Mouzaferſingue* nouveau *Soubedar* du *Decan*, qui fut

» reçu par son Divan *Rajavouknaudas ;* une pour le » *Nabab Chandasaeb*, & l'autre fut distribuée aux Offi- » ciers & Troupes de cette garnison, ainsi qu'ils en » étoient convenus. La part du *Nabab Chandasaeb* fut » portée au trésor de cette Place pour servir à payer les » frais que la guerre de *Nazersingue* avoit occasionnés à » la Compagnie.

» Les trois *Soubedars* Patanes, ci-devant désignés, » demanderent qu'on leur partageât aussi les bijoux & » autres ornemens, comme habits & housses de che- » vaux, consistant, autant que je puisse me ressouvenir, » en vingt-un ou vingt-deux coffres tant grands que » petits ; le Seigneur *Mouzafersingue* demanda en grace » à M. le Gouverneur de faire ensorte que ces bijoux &c. » venant de son grand-pere ne passassent point entre » les mains des Patanes. Il fit donc un accommodement » avec eux, & moyennant quelques Jaguirs & petites » forteresses que le *Nabab* leur donna dans les environs » de leurs *Soubedaris*, ils se désisterent de la demande » en partage des bijoux qui furent remis au Seigneur » *Mouzafersingue*, & pour cet effet transportés dans » la maison de la Compagnie où logeoit ce Seigneur.

» Voilà, Monsieur, tout ce que je sai au sujet de cette » affaire, dans laquelle j'ai servi d'interprete entre » M. le Gouverneur d'une part, & les *Soubedars* Pa- » tanes d'autre part. A *Pondichery* le 4 Août 1754 ».

Signé, DELARCHE.

L'objet principal & le plus important à relever dans le Mémoire de la Compagnie, est sans doute celui par lequel elle s'efforce de persuader au Public, qu'elle a toujours souhaité & ordonné la paix dans l'Inde, & qu'elle n'a cessé d'être dans les mêmes dispositions. En cela je peux dire que mes sentimens se sont toujours trouvés conformes aux siens. Mais du desir qu'elle a eu, ainsi que moi, de voir renaître la paix dans l'Inde, il ne s'ensuit pas qu'elle ait désapprouvé la guerre. Quoi qu'il en soit, je n'ai d'autre réponse à faire aux assertions de la Compagnie touchant son improbation prétendue de la guerre de l'Inde, que de joindre à ce Mémoire l'extrait de ses propres réflexions sur cette guerre. Je supplie le Public de les lire avec la plus sérieuse attention. Je pourrois citer bien d'autres Pieces, telles que ses Mémoires présentés à Sa Majesté pour obtenir des graces en ma faveur, telles que les Lettres qu'elle a écrites dans l'Inde depuis mon rappel au sujet des ressources qu'on pouvoit retirer des nouvelles concessions que je lui ai procurées, telles enfin que le produit même de ces concessions ; mais j'ai promis d'être court dans cette réponse qui n'est que préparatoire : je m'en tiendrai donc aux extraits de la Piece que j'ai annoncée. Cette Piece est l'ouvrage de la Compagnie en corps, elle fait son éloge sans doute, & je ne prétends point lui enlever l'honneur qu'elle en doit retirer.

On y verra de la fermeté, de l'honneur & de la bonne foi. On y verra une Compagnie fidelle alors à ses engagemens, soutenir avec dignité les intérêts des Actionnaires qui lui sont confiés, & ceux des Princes de l'Asie ses Alliés. On y verra une Compagnie enfin porter dans son cœur le désir de la paix, pourvu toutefois qu'elle ne soit pas désavantageuse, & sur-tout deshonorante,

deshonorante, parce qu'elle pensoit alors, & avec raison, qu'en fait de Commerce (ce sont ses termes) l'honneur & la considération sont la base du crédit.

Que l'on apprécie les expressions de cette Piece, & l'on jugera des motifs qui lui font tenir aujourd'hui un langage & une conduite si opposés.

Je le repete, je rends justice à l'Administration, & suis persuadé que je trouverois en elle les mêmes sentimens qu'elle a eu autrefois pour moi, si le sieur *Godeheu* mon plus cruel ennemi, & que je ne devois jamais croire capable de le devenir, (après la lettre qu'il m'écrivit le 25 Février 1750, dans laquelle il s'exprimoit ainsi..... « Vous me donnez tant de matiere à com- » pliments, qu'il n'est pas possible de trouver des ex- » pressions nouvelles pour vous en faire. L'arrivée du » vaisseau *les 13 Cantons* à Brest, nous a appris l'heu- » reux succès de vos armes sous la conduite du brave » d'*Auteuil*. C'est un événement aussi glorieux pour » vous, qu'avantageux à la Nation, & à la Compagnie » des Indes. *Mais vous n'êtes pas si habile que votre* » *prédécesseur si vous abandonnez les Aldées à la Com-* » *pagnie; n'ouvrira-t-on jamais les yeux que trop tard* » *sur les différentes façons de penser & d'agir» ?*) Si, dis-je, le sieur Godeheu n'avoit pas cherché à faire à la Compagnie un tableau effrayant de la situation où il trouva les affaires à son arrivée dans l'Inde; tableau forcé & faux, & qui n'a point les couleurs de la vérité qui se présente sans fard.

En vain la Compagnie rappelleroit ce qu'elle a déja dit dans son Mémoire imprimé, que je cherche toutes les occasions de la décréditer, elle se trompe, & une pareille aſſertion tombe d'elle-même. Perſonne au monde ne deſire plus que moi de voir fleurir ſon commerce. Mon intérêt l'exige, puiſqu'elle a entre ſes mains toute ma fortune, & celle de ma famille, qui, ainſi que moi, eſt réduite à la plus cruelle ſituation.

Je vais travailler à la Réponſe que je promets au Public, & je le préviens d'avance, que ſuivant une marche toute oppoſée à celle de mes Adverſaires, je n'avancerai rien qui ne ſoit ſoutenu des Pieces les plus authentiques, & qui, comme je l'ai déja dit, ſeront puiſées, pour la plûpart, dans les écrits mêmes de la Compagnie.

A Paris ce 8 *Août* 1763, *Signé*, DUPLEIX.

PIECES JUSTIFICATIVES.

AVERTISSEMENT.

POUR donner une idée de la Piece dont je ne citerai pour le présent que quelques extraits, il est bon que le Public sache à quelle occasion cette Piece a été faite.

On se rappelle sans doute la négociation entamée par le sieur *Duvelaer*, Directeur de la Compagnie des Indes, au mois d'Avril 1753, au sujet des troubles de l'Inde ; & ce fut à l'occasion de cette même négociation que la Piece dont je vais parler fut faite le 13 Décembre 1753. Elle fut signée par toute l'Administration de la Compagnie des Indes. Le fait est certain ; elle lui fait trop d'honneur au surplus, pour qu'elle ose la désavouer.

Je m'étois d'abord proposé de donner cette Piece toute entiere au Public, mais il auroit fallu pour cela entrer dans des détails trop longs, & qui m'écarteroient de l'objet que je me suis proposé dans la Réponse préparatoire que je fais au Mémoire de la Compagnie des Indes ; & je pense que quelques extraits suffiront, quant à présent, pour prouver, par l'aveu même de la Compagnie, combien la guerre que j'ai été forcé d'entreprendre en 1749 aux Indes a été indispensable & combien elle étoit juste.

Cotte A. *EXTRAIT des Réflexions & Considérations de la Compagnie des Indes, signées par toute l'Administration le 13 Décembre 1753.*

1°. SUR le projet d'accommodement entre les deux Compagnies de France & d'Angleterre, envoyé de Londres.

2°. Sur le projet de convention entre les deux Compagnies des Indes Orientales de France & d'Angleterre, dressé à Paris.

3°. Sur les instructions secretes pour le sieur Duvelaer.

4°. Sur les observations sur le projet de convention envoyé d'Angleterre.

5°. Sur le mémoire d'explication, sur le projet de convention dressé par le Comité secret de la Compagnie des Indes de France.

. . . . D'une maniere vague & illimitée, que les Compagnies retireront dans leurs anciennes limites & territoires respectifs toutes les troupes qui appartiennent à l'une ou à l'autre Compagnie, ou qui sont à sa solde, avec leur artillerie, &c. & cela aussi-tôt que le Nabab (& ils entendent par cette dénomination Mahamet-Alykan) aussi-tôt que ce Nabab sera entré dans cet accord. Ainsi les Anglois font dépendre la retraite des troupes respectives, de l'accession de ce Nabab, que nous savons ne pouvoir se soutenir que par les forces angloises, que nous savons lutter contre l'autorité légitime du Vice-Roi du Dekan & de l'Empereur Mogol. Ainsi les Anglois entendent qu'aussi-tôt qu'il conviendra à Mahamet-Alykan, ou plutôt, aussi-tôt que l'intérêt de la Compagnie Angloise exigera que ce Nabab accede au traité ; les François, sans égard aux traités antérieurs, sans ménagement pour le Vice-Roi du Dekan leur bienfaiteur, sans ménagement pour le Mogol, Souverain légitime, retireront toutes les troupes qui leur appartiennent & qui sont à leur solde, & qui se trouveront servir, comme auxiliaires, le Vice-Roi du Dekan, ou out autre Souverain, Prince ou Gouverneur de l'Inde.

Les Anglois prétendent que Mahamet-Alykan soit reconnu par les deux Compagnies Nabab ou Prince de la Province d'Arcate, comme si cette reconnoissance lui donnoit quelque droit, & au contraire ne commettoit pas la Compagnie de France vis-à-vis du Vice-Roi du Dekan & de l'Empereur Mogol, Souverains & Maîtres de Mahamet-Alykan.

Les Anglois stipulent dans le même article, que la Compagnie Françoise abandonnera la famille de Chandasaëb; d'où résultera qu'après une longue guerre entreprise sous le prétexte de la défense des droits des concurrens, Mahamet-Alykan & Chandasaëb, le premier soutenu par la Compagnie Angloise, mais réprouvé de ses Maîtres, restera possesseur d'un Gouvernement que ses Supérieurs ne lui ont pas concédé; le dernier, ami de la Compagnie Françoise, & appuyé de l'autorité légitime de l'Empereur Mogol & du Souba ou Vice-Roi du Dekan, ses Souverains & ses Maîtres, aura été mis à mort, & sa famille abandonnée au mépris & à l'ignominie, réduite à la misere (1).

Par cet article, les deux Compagnies restreignent leurs possessions respectives, mais avec cette différence humiliante pour la Compagnie de France, qu'elle y est astreinte à obtenir par octroi du Gouvernement Maure, toutes ses possessions tant anciennes que nouvelles, comme si la légitimité de la possession de Pondichery dépendoit de l'événement des présens troubles; au lieu que la Compagnie Angloise n'invoque le consentement du Gouvernement du Pays, que pour se maintenir dans les usurpations qu'elle a faites, & pour faire de nouvelles acquisitions à sa bienséance (2).

Pour l'énoncé de cet article, il semble que la Compagnie Angloise ait effectivement quelques droits sur la Ville de Mazulipatam, & cependant il n'en a pas été question pendant tout le cours de la négociation; la Compagnie Angloise

(1) D'après les deux articles que je viens de citer, que la Compagnie veuille aujourd'hui dans son Mémoire imprimé disputer la légitimité de *Chandasaeb*, c'est, il faut en convenir, le comble de l'absurdité; & d'après cela n'aurois-je pas été condamnable, même par la Compagnie, si au préjudice de *Chandasaeb* j'avois reconnu *Mahamet Alikan?*

(2) Cet article (l'ouvrage de la Compagnie elle-même) prouvera au Public si j'ai eu tort de penser comme elle.

a opiniâtrément refusé de donner connoissance de ses possessions & de ses prétendus droits sur Dioy. Au surplus il est évident par l'énoncé de l'article, que c'est uniquement pour obtenir la cessation des troubles dans la Province d'Arcate, que la Compagnie de France renonce à toutes les vastes concessions qu'elle avoit obtenues en différens tems & à différens titres, tous légitimes, de la reconnoissance & de la générosité des deux Vice-Rois du Dekan, Mouzaferzingue & Salabetzingue, tous deux légitimes, tous deux reconnus & avoués par l'Empereur Mogol leur Maître.

La Compagnie de France paroît y renoncer au préjudice de son propre intérêt, & uniquement parce que la Compagnie Angloise lui en fait la loi.

Enfin la renonciation & les restitutions sont libellées dans l'article de façon que si, comme il y a tout lieu de le présumer, le présent Vice-Roi du Dekan, offensé du procédé des François vis-à-vis de lui, prend en mauvaise part le mépris de ses dons, le rappel des troupes françoises & la proposition d'accéder à un traité qui lui est étranger, puisque les troubles de la Province d'Arcate ne l'intéressent qu'indirectement; si ce Vice-Roi vient à écouter les propositions que nous savons que les Anglois lui ont faites, & que cette Nation ne manquera pas de lui renouveller; si, disons-nous, le Vice-Roi du Dekan consent à abandonner aux Anglois le tout ou partie des mêmes terreins & postes auxquels nous nous obligeons de renoncer; ceux-ci s'en mettront en possession à notre préjudice, sans crainte que nous osions renouveller les troubles pour les en déposséder; & ils soutiendront avec raison qu'ils n'ont pas renoncé à toutes vues d'agrandissement pour la suite (1).

Toutes nos observations sur le projet d'accord dressé en Angleterre ont été faites pour le Comité François, & sont la plûpart relatées dans ses observations sur ce projet; mais

(1) Cet article ne prouve-t-il pas que j'ai eu raison de m'opposer au joug des Anglois? Mais comment accorder ce que dit aujourd'hui la Compagnie dans son Mémoire imprimé, avec ce qu'elle pensoit en 1753...? Je me tais, & je laisse au Public le soin de tirer les conséquences qui viennent naturellement à l'esprit.

il nous semble que *le Comité n'en a pas été affecté aussi vivement que nous*, & c'est le plus ou le moins d'impression qui décide jusqu'à quel point on doit insister dans l'*Ultimatum* (1).

Nous observons en général que le projet ou *Ultimatum* françois ne differe de l'anglois qu'en ce que les articles y sont mieux libellés, & les matieres plus rassemblées ; quelques dispositions sont exprimées d'une maniere plus honorable pour la Compagnie Françoise : mais comme cet *Ultimatum accorde aux Anglois plus qu'ils n'ont demandé par leur projet*, il semble qu'on ait voulu les indemniser des articles sur lesquels on leur refuse une entiere satisfaction (2).

Dans l'article 3e, on stipule la retraite des troupes qui sont auprès du Vice-Roi du Dekan, & on fait dépendre cette retraite de l'état de guerre ou de paix où se trouvera le Vice-Roi; afin même qu'il n'y ait aucun doute, on autorise M. Duvelaer par les instructions secretes, à stipuler précisément que ces troupes ne pourront pas prolonger leur séjour auprès de lui, sous prétexte d'une guerre nouvelle. Ainsi, par l'*Ultimatum* françois, on accorde expressément aux Anglois *ce qu'ils ont craint de demander nommément* (3).

Mais si le Vice-Roi du Dekan a marché de Golconde dans le Royaume d'Arcate pour se faire obéir par Mahamet-Alykan, qu'il regarde comme un rebelle à l'autorité légitime.

Si ce Vice-Roi a nommé un autre Nabab d'Arcate, comme les Anglois eux-mêmes ont annoncé qu'il avoit nommé Nabab de cette Province le Faussedar de Vélour, Seigneur riche en argent (4).

Si le Vice-Roi du Dekan a été joint par Bajirao, Chef re-

(1) Quelles réflexions ne présente pas cet article ! Je veux me dispenser de les faire, je crois que le Comité souhaiteroit que le Public ne les fît pas.

(2) Ne pourrois-je pas dire que le Comité n'étoit pas aussi zélé pour les intérêts de la Compagnie, que l'Administration en corps ? les mots sous-lignés de cet article en sont, je crois, une preuve assez claire.

(3) Cet article présente les mêmes réflexions que le précédent.

(4) Donc, de l'aveu des Anglois & de la Compagnie même, *Mahamet Alykan* n'étoit point *Nabab d'Arcate* ; & si elle chante la palinodie dans son Mémoire, c'est un ridicule qui doit tomber sur elle & non sur moi.

nommé des Marattes, ainſi que le ſieur le Verrier, Chef du Comptoir François à Suratte, l'écrit par ſa lettre du mois de Janvier dernier à M. de Saintar, l'un de nous.

Si ſeulement Mahamet-Alykan a été réduit à ſe renfermer une ſeconde fois dans la forterelle de Trichinapaly, & qu'il y ſoit aſſiégé, comment la Compagnie de France peut-elle s'engager à retirer ſes troupes & à reconnoître Mahamet-Alykan Nabab d'Arcate, au riſque évident *de mécontenter toutes les Puiſſances du Pays, de manquer à ſes engagemens, & d'irriter contre elle le Vice-Roi du Dekan, un puiſſant Chef des Marattes, le Fauſſedar de Vélour, peut-être d'autres Chefs qui, ſuivant le caractere des Maures, auront abandonné Mahamet-Alykan, que les avis que nous avons reçus nous peignent depuis long-tems ſans alliés, & réduit à ſe ſoutenir par les ſeules forces de la Compagnie Angloiſe* (1)?

Toutes les diſpoſitions de l'article cinq du projet anglois ſont referées dans l'article ſecond de l'*Ultimatum* françois.

La premiere diſpoſition reſtreint à laiſſer à Mahamet-Alykan la libre jouiſſance de ce qu'il poſſede, *ſauf à lui à ſe faire reconnoître par le Vice-Roi du Dekan, auprès duquel la Compagnie françoiſe offre ſes bons offices, s'ils ſont requis.*

Les expreſſions ſous-lignées ainſi libellées, préſentent un ſens vague. . . . .

. . . .

. . En ce cas la reſtitution ne doit pas précéder cette reconnoiſſance : ſi au contraire la reſtitution s'exécute, les deux Compagnies préjugent une queſtion que le Vice-Roi du Dekan peut ſeul juger, elles mettent Mahamet-Alykan en état de forcer la volonté de ſon Souverain. Quels reproches ce Souverain, aujourd'hui ſi bien diſpoſé pour la Compagnie françoiſe, n'aura-t-il pas à lui faire ? Et quel honneur pour la Nation angloiſe d'avoir mis ſon protégé en état de faire la loi à ſon maître ?

Pour bien juger du mérite du ſacrifice que fait la Compa-

(1) Encore une fois, que la Compagnie s'accorde donc avec elle-même ; elle me fait un crime aujourd'hui dans ſon Mémoire de n'avoir pas fait la paix : je demande au Public, d'après l'article que je viens de citer, s'il m'étoit poſſible de le faire, à moins de ſubir le joug des Anglois.

gnie

gnie en abandonnant la famille de Chandasaeb, qu'il nous soit permis de rappeller que Chandasaeb, ancien Nabab d'Arcate, étoit paisible possesseur de la Province d'Arcate quand les Marattes y firent une incursion sous le gouvernement de M. Dumas. Chandasaeb reclama en vain la protection des Compagnies Angloises & Hollandoises, elles ne voulurent pas se commettre, il ne put trouver d'asyle que dans Pondichery; il s'y retira avec sa famille & ses trésors, & y vêcut en homme privé jusqu'après le siége de Pondichery: *la paix faite en Europe, la Compagnie se trouvant armée, & la Nation étant courroucée de ce qu'Anaverdykan avoit agi hostillement contr'elle en faveur des Anglois, crut devoir se servir de la protection de Mouzaferzingue, (déja revêtu du Firman du Mogol) qui le nommoit Vice-Roi du Dekan, pour opérer le rétablissement de Chadasaeb* (1). . . . .

. . . .

. . . C'est s'ôter une charge que d'obliger cette famille de sortir de Pondichery, & de lui refuser tout asyle dans les autres établissemens de la Compagnie sur la côte de Coromandel; mais ne peut-il pas résulter des impressions bien fâcheuses contre la Compagnie de France dans l'esprit des Seigneurs Maures, de la comparaison qu'ils ne manqueront pas de faire du sort de la famille d'Anaverdykan avec celle de Chandasaeb? La premiere, diront-ils, réduite à la seule protection de la Compagnie Angloise, aura lutté contre toutes les Puissances de la presqu'Isle de l'Inde, & sera parvenue à faire reconnoître Mahamet-Alykan légitime Nabab de la Province d'Arcate; le fils de Chandasaeb au contraire & sa famille nourris & protégés pendant douze ans & plus par la Compagnie de France, soutenus par le Vice-Roi du Dekan, aidés d'une multitude de Seigneurs Maures, resteront dans l'humiliation & dans la misere, en conséquence d'un traité fait en

(1) Ces mots, du propre aveu de la Compagnie en 1753, & qui n'a plus à objecter que je la trompois, puisqu'elle fut instruite, dit-elle, & éclairée sur ses véritables intérêts dès 1752; ces mots, dis-je, suffisent pour détruire tout le faux raisonnement qu'elle fait aujourd'hui dans son Mémoire au sujet de cette guerre prétendue injuste faite à la famille d'*Anaverdikan*, pere de *Mahamet-Alikan*, aujourd'hui *Nabab d'Arcate*.

Europe entre les deux Compagnies. Il eſt naturel de penſer que de cette comparaiſon les Maures conclueront que la Compagnie de France n'eſt pas comparable à celle d'Angleterre : d'où il peut réſulter une longue humiliation pour la Compagnie de France, parce que les Compagnies étant immortelles, & que les principes qu'elles adoptent étant ſûrs, ſe perpétuant dans leur adminiſtration, on juge par le paſſé de leur conduite préſente (1).

On n'a pas vu dans la ſuite de la négociation que les Anglois ayent jamais exigé la renonciation du Gouverneur de Pondichery aux titres d'honneur & aux dignités que les Vice-Rois du Dekan, Mouzaferzingue & Sabetzingue, lui ont conférés. On conçoit qu'il eſt indécent, & qu'il peut être dangereux que le Commandant de la Nation Françoiſe aux Indes ſoit obligé d'un Souverain ou Seigneur Aſiatique : cependant la choſe avoit parue indifférente juſqu'au tems de la préſente négociation. M. Dumas, qui le premier avoit été nommé Fauſſedar, n'avoit pas été improuvé. M. Dupleix qui lui ſuccéda, obtint le même titre & n'en fut pas blâmé. *Pourquoi y renoncer dans un traité vis-à-vis des Anglois ? Pourquoi paroître faire forcément une choſe dont le ſeul intérêt de l'Etat doit décider ? Pourquoi nous commettre viſiblement avec le Vice-Roi du Dekan, en paroiſſant renoncer par force à des dignités que nous avions paru juſqu'à préſent eſtimer ?* Si (comme nous le concevons) la décence même, le devoir d'un ſujet du Roi eſt de ne recevoir de dignités que de la bénéficence de ſon Souverain, *temporiſons encore pendant que l'expérience & l'intelligence du ſieur Dupleix ſeront néceſſaires à la Compagnie dans l'Inde ;* mais quand ce Gouverneur ſera rapellé, nous penſons qu'une loi ſévere doit défendre à perpétuité à ſes ſucceſſeurs,

(1) Je l'avoue, l'article que je viens de citer fait un honneur infini à l'Adminiſtration ; mais qu'on compare ſa conduite d'alors avec celle qu'elle tient aujourd'hui par ſon Mémoire imprimé, le parallele ne ſera pas à ſon avantage ; c'eſt par égard pour elle ſi je ne donne pas plus d'étendue à mes réflexions, mais je ne lui promets pas la même indulgence de la part de mon Lecteur, qui verra ſans doute avec étonnement qu'elle a approuvé ma conduite, ſi conforme à celle qu'elle tenoit elle-même en 1753, & il ne manquera pas ſans doute d'être indigné de lui voir aujourd'hui tenir un langage ſi différent.

à tous sujets du Roi de solliciter, même d'accepter toute décoration ou bienfait quelconque de quelque Souverain de l'Inde que ce soit (1).

C'est avec la plus sincere & la plus parfaite résignation que nous soumettons aujourd'hui au Jugement de M. le Garde des Sceaux nos présentes réflexions ; nous aurions cru manquer à la confiance qu'il a bien voulu nous témoigner dans cette occasion, si nous avions fait taire notre zele dans une circonstance aussi critique ; nous n'avons fait tomber nos réflexions que sur les points qui nous ont paru essentiels, & le peu de tems que nous avons eu pour nous instruire, pour nous concilier, & pour rédiger nos différentes observations, ne nous a pas permis de les dresser avec autant de précision que nous l'aurions desiré ; nous n'avons fait tomber nos réflexions que sur les points qui nous ont paru essentiels, tout ce que nous n'avons pas cru extrêmement important nous a paru devoir être sacrifié au desir de la paix que nous portons dans nos cœurs, & que nous croyons très-utile, *pourvu qu'elle ne soit pas désavantageuse, & sur-tout qu'elle ne soit pas deshonorante, car nous ne devons pas cacher qu'en fait de commerce la réputation est d'autant plus nécessaire, que le crédit qui en fait la base en dépend* (2).

(1) Cet article est très-bon à comparer avec ce que dit la Compagnie dans son Mémoire imprimé, au sujet des marques de distinction que les Princes du pays m'avoient accordées, & que je n'avois acceptées que parce que je sentois, mieux qu'un autre, combien cela étoit intéressant pour l'honneur & l'avantage de la Nation françoise ; je le répete, trouvera-t-on sans cesse cette Compagnie en contradiction avec elle-même ?

(2) Si la Compagnie avoit toujours pensé comme en 1753, on ne pourroit qu'applaudir à sa conduite ; mais à la lecture de son Mémoire imprimé, que le Public ne manquera pas de comparer avec les Extraits ci-dessus, je crains fort que les éloges ne se changent en blâme.

Cote B. N°. I. *ETAT des fonds reçus dans l'Inde provenant de divers envois de la Compagnie pendant les années 1749 & 1750.*

1749.		SAVOIR:	
Janvier	30	Reçu par le Vaisseau la Favorite	20074 2 4
Février	13	Par le Vaisseau du Roi l'Apollon	110 2
Idem.	18	Du Vaisseau *idem* l'Alcide	110 1 6
Mars	1er	Par le Vaisseau le Lassay	19764 5 4
Idem.	*Idem.*	Par le Vaisseau l'Espérance	19764 5 5
Août	4	Par le Vaisseau la Paix	39333 3
Octobre	1er	Par le Vaisseau le Maréchal de Saxe	44164
1750.			
Janvier	9	Par le Vaisseau l'Anson	15000
		Bénéfice sur ledit envoi	6
Idem.	19	Par le Vaisseau le d'Argenson	38500
		Bénéfice sur ledit envoi	97 6
Idem.	21	Par le Vaisseau le Puysieulx	30200 7
Juin	12	Par le Maurepas	50000
		Bénéfice sur ledit envoi	46
Juillet	25	Par le Thevenepatam	10012 1 7
Idem.	27	Par le Vaisseau l'Achille	40003 5
Idem.	31	Par le Vaisseau la Reine	40040
Août	26	Par la Diane	40023
Octobre	6	Par le Vaisseau l'Auguste	40007
Idem.	21	Par le Vaisseau l'Hercule	27344 2 4
		TOTAL Marcs d'argent	474603 6

Partant différence sur les 684 mille marcs de matiere d'argent que la Compagnie dit avoir envoyés de 1748 à 1749, & de 1749 à 1750.

L'erreur est donc de 209396 7 2

684000 marcs

Nota. Cet Etat a été formé sur les bilans de Pondichery que la Compagnie a entre ses mains depuis long-tems, & dont j'ai eu l'heureuse précaution de garder copie.

LE CONSEIL soussigné, qui a vu le Mémoire & les Pieces justificatives : ESTIME que le sieur Dupleix, en attendant la Réponse détaillée qu'il se propose de faire faire au Mémoire nouvellement imprimé pour la Compagnie des Indes, à intérêt de mettre, sans délai, sous les yeux du Public, sa justification des faits relevés dans la Réponse sommaire ci-dessus. Justification dont les preuves complettes & décisives, ne permettent pas de douter que ceux qui ont signé le Mémoire pour la Compagnie, n'ont pas été instruits des Pieces citées dans la réponse du sieur Dupleix.

Délibéré à Paris le 9 Août 1763.

Signé, DE LAMBON, LOYSEAU DE MAULEON.

De l'Imprimerie de LOUIS CELLOT, rue Dauphine. 1763.

www.ingramcontent.com/pod-product-compliance
Lightning Source LLC
LaVergne TN
LVHW012023160826
845678LV00002B/991

* 9 7 8 2 3 2 9 6 5 4 8 0 5 *